AF283132

# Tutoría de empresa en la formación profesional dual (nivel inicial)

avanza editorial

Editado por:
EDITORIAL FAE, S.L.U.
Correo electrónico: editorial@editorialfae.com

**Tutoría de empresa en la formación profesional dual (nivel inicial)**
Elsa Rubio Duce

1ª Edición

Se ha puesto el máximo empeño en ofrecer a la persona lectora una información completa y precisa. Sin embargo, Editorial FAE, S.L.U. no asume ninguna responsabilidad derivada de su uso ni tampoco de cualquier violación de patentes ni otros derechos de terceras partes que pudieran ocurrir. Esta publicación tiene por objeto proporcionar unos conocimientos precisos y acreditados sobre el tema tratado. Su venta no supone para el editor ninguna forma de asistencia legal, administrativa o de ningún otro tipo.

Reservados todos los derechos de publicación en cualquier idioma:

De conformidad con lo dispuesto en el artículo 270 del Código Penal vigente, ninguna parte de este libro puede ser reproducida, grabada en sistema de almacenamiento o transmitida en forma alguna ni por cualquier procedimiento, ya sea electrónico, mecánico, reprográfico, magnético o cualquier otro, sin autorización previa y por escrito de Editorial FAE, S.L.U.; su contenido está protegido por la Ley vigente, que establece penas de prisión y/o multas a quienes intencionadamente reprodujeren o plagiaren, en todo o en parte, una obra literaria, artística o científica.

ISBN: 978-84-1135-364-9

Impreso en España

# Índice

## Tutoría de empresa en la formación profesional dual (nivel inicial)

## Aplicaciones prácticas

## Solucionario

## Ejercicio de evaluación final

## Bibliografía

# Tutoría de empresa en la formación profesional dual (nivel inicial)

## Introducción

La Formación Profesional Dual constituye un modelo formativo que integra de manera estructurada el aprendizaje en los centros educativos y en las empresas, reforzando la vinculación entre el sistema productivo y el sistema educativo. En este contexto, la tutoría de empresa adquiere un papel esencial como elemento de acompañamiento, coordinación y garantía de la calidad del proceso formativo del alumnado-aprendiz.

Este curso aborda los fundamentos normativos, organizativos y metodológicos de la FP Dual, así como las funciones, responsabilidades y competencias asociadas a la figura del tutor o tutora de empresa. Se analizan los actores implicados, el marco regulador, el proceso de selección y acogida del alumnado, y la planificación de la formación en el entorno laboral, poniendo especial atención en la evaluación del aprendizaje y en la aplicación de buenas prácticas.

La formación proporciona una visión inicial, clara y estructurada del modelo de FP Dual, orientada a facilitar una actuación coherente, responsable y alineada con los objetivos educativos y productivos del sistema.

## Objetivos

- Conceptualizar el modelo de Formación Profesional Dual y su encaje en el sistema educativo.
- Identificar la normativa general que regula la FP Dual y su aplicación en el ámbito empresarial.
- Reconocer las funciones y responsabilidades de las figuras de tutoría y formación en la empresa.
- Analizar el papel de los distintos actores implicados en la FP Dual.
- Describir el proceso de implantación de un proyecto de FP Dual en la empresa.
- Interpretar el contenido y la finalidad del convenio de formación.
- Identificar los derechos y obligaciones del alumnado-aprendiz.
- Analizar el proceso de selección del alumnado en FP Dual.
- Valorar la importancia de un adecuado proceso de acogida del alumnado-aprendiz.
- Elaborar un plan de formación y evaluación adaptado al entorno productivo.
- Identificar criterios e instrumentos de evaluación del aprendizaje en la FP Dual.
- Reconocer las competencias y el perfil profesional del tutor o tutora de empresa.

# 1. Introducción de la FP Dual en el ámbito educativo

La Formación Profesional Dual surge como respuesta a la necesidad de acercar el sistema educativo a la realidad productiva, superando modelos formativos excesivamente desvinculados del entorno laboral. Este enfoque combina la formación impartida en centros educativos con un aprendizaje significativo en la empresa, concebida no solo como espacio de prácticas, sino como entorno **formativo estructurado**.

*Fig. 1. La formación en el centro educativo constituye la base teórica y competencial que permite al alumnado-aprendiz afrontar con mayor solvencia el aprendizaje práctico posterior en la empresa dentro del modelo de FP Dual*

La implantación de la FP Dual supone un cambio de **paradigma educativo**, ya que desplaza el foco desde una formación basada casi exclusivamente en contenidos teóricos hacia un modelo competencial, donde el aprendizaje se produce mediante la experiencia real de trabajo, guiada y evaluada conforme a objetivos formativos previamente definidos.

Desde el ámbito educativo, la FP Dual persigue:

- Facilitar la adquisición de competencias profesionales reales.
- Mejorar la empleabilidad del alumnado.
- Favorecer la corresponsabilidad entre centros educativos y empresas.
- Ajustar la formación a las necesidades del tejido productivo.

**Importante**

La FP Dual no debe entenderse como una mera ampliación de las prácticas en empresa, sino como un modelo integrado de formación, donde empresa y centro educativo comparten la responsabilidad del proceso de enseñanza-aprendizaje.

Este modelo exige una planificación coordinada, un marco normativo claro y la implicación activa de profesionales que asumen funciones formativas específicas dentro de la empresa, lo que otorga especial relevancia a las figuras de tutoría y formación.

## 1.1. Concepto de FP Dual

La Formación Profesional Dual puede definirse como un sistema formativo que alterna, de **forma planificada y evaluable,** la formación en el centro educativo y en la empresa, permitiendo al alumnado-aprendiz adquirir competencias profesionales en contextos reales de trabajo.

Este modelo se caracteriza por:

- La existencia de un convenio de formación entre el centro educativo y la empresa.
- La definición de un plan formativo individualizado.
- La participación activa de la empresa en el proceso educativo.
- La evaluación conjunta del aprendizaje adquirido.

Para una mejor comprensión del concepto, se presentan a continuación las principales diferencias entre la FP tradicional y la FP Dual, introducidas a modo comparativo:

| Aspecto | FP tradicional | FP Dual |
|---|---|---|
| Espacio principal de formación | Centro educativo | Centro educativo y empresa |
| Papel de la empresa | Receptor de alumnado en prácticas | Agente formador |
| Duración en empresa | Limitada | Prolongada y estructurada |
| Plan formativo en empresa | General | Individualizado |
| Evaluación | Principalmente académica | Compartida centro–empresa |

**Ejemplo**

En un ciclo formativo de la familia de Administración y Gestión, el alumnado en FP Dual no solo realiza tareas de apoyo administrativo, sino que participa progresivamente en procesos reales como la gestión documental, atención a clientes o uso de aplicaciones de contabilidad, siguiendo un plan formativo acordado y evaluado por el tutor de empresa y el centro educativo.

La FP Dual permite, además, introducir **criterios de calidad, innovación y sostenibilidad** en la formación, alineando los aprendizajes con los valores y prácticas actuales del entorno empresarial.

## 1.2. Las figuras del tutor/a y del formador/a de FP Dual

La correcta implantación de la FP Dual descansa en gran medida sobre las figuras profesionales que asumen la **función formativa dentro de la empresa**. Entre ellas destacan el tutor o tutora de empresa y el formador o formadora de FP Dual, cuyas funciones, aunque complementarias, presentan matices diferenciados.

*Fig. 2. La tutoría en la FP Dual implica un acompañamiento sistemático del aprendizaje, en el que se orienta al alumnado-aprendiz, se clarifican contenidos y se supervisa la adquisición progresiva de competencias conforme al plan formativo*

De forma general, estas figuras garantizan:

- El acompañamiento del alumnado-aprendiz.
- La correcta ejecución del plan formativo.
- La coordinación con el centro educativo.
- La evaluación del aprendizaje en el entorno laboral.

A continuación, se describen sus principales funciones de manera diferenciada, introducidas mediante una síntesis comparativa:

| Figura | Funciones principales |
|---|---|
| Tutor/a de empresa | Acompañar al alumnado, coordinarse con el centro educativo, supervisar la adaptación al entorno laboral, participar en la evaluación |
| Formador/a de FP Dual | Transmitir conocimientos prácticos, guiar el aprendizaje técnico, asegurar la adquisición de competencias profesionales |

El tutor o tutora de empresa actúa como **referente principal del alumnado dentro de la organización**, facilitando su integración, resolviendo incidencias y asegurando que la actividad desarrollada se ajusta a los objetivos formativos.

**Anotación**

En pequeñas empresas, ambas funciones pueden recaer en una misma persona, siempre que se garantice la capacidad de acompañamiento, seguimiento y coordinación exigida por el modelo de FP Dual.

Por su parte, el formador o formadora de FP Dual se centra en el proceso de **aprendizaje práctico**, aportando experiencia profesional, orientando la ejecución de tareas y contribuyendo al desarrollo progresivo de la autonomía del alumnado.

**Ejemplo**

En una empresa industrial, el tutor de empresa puede encargarse de la planificación semanal del alumnado y de la comunicación con el centro educativo, mientras que distintos formadores del área técnica supervisan tareas concretas como el manejo de maquinaria, el control de calidad o la aplicación de protocolos de seguridad.

Estas figuras no solo cumplen una función técnica, sino también **educativa y social**, ya que influyen directamente en la motivación, el compromiso y la integración del alumnado en el entorno profesional, contribuyendo de forma decisiva al éxito del modelo de FP Dual.

## 1.3. Otros actores en la FP Dual

La Formación Profesional Dual se apoya en un **ecosistema de actores interrelacionados** que, más allá del tutor o tutora y del formador o formadora de empresa, participan de manera directa o indirecta en el diseño, desarrollo, seguimiento y evaluación del proceso formativo. La coordinación entre estos agentes resulta esencial para garantizar la coherencia del modelo y la calidad del aprendizaje.

Entre los principales actores implicados se encuentran el **centro educativo**, el **profesorado responsable**, las **administraciones educativas y laborales**, y el

**propio alumnado-aprendiz**, que deja de ser un sujeto pasivo para convertirse en agente activo de su proceso formativo.

*Fig. 3. La FP Dual se articula a través de la colaboración entre distintos actores —empresa, figuras formativas y alumnado— cuya interacción coordinada garantiza la coherencia entre el aprendizaje teórico y la práctica profesional*

Desde el punto de vista organizativo, el centro educativo actúa como **eje vertebrador del sistema**, asegurando la coherencia pedagógica entre la formación teórica y la práctica en empresa. El profesorado, especialmente el tutor o tutora del centro, mantiene una función de seguimiento académico, coordinación institucional y evaluación conjunta con la empresa.

Para clarificar el papel de cada uno de estos actores, se presentan a continuación sus funciones principales:

| Actor | Función principal en la FP Dual |
|---|---|
| Centro educativo | Coordinación general del programa, diseño curricular, seguimiento pedagógico |
| Tutor/a del centro | Enlace con la empresa, seguimiento académico, evaluación del alumnado |
| Administraciones educativas y laborales | Regulación, supervisión, control y promoción del modelo |
| Empresa | Entorno formativo, aplicación práctica de competencias |
| Alumno/a-aprendiz | Participación activa en su proceso de aprendizaje |

La FP Dual requiere una corresponsabilidad real entre todos los actores implicados; la ausencia de coordinación o la falta de implicación de alguno de ellos puede comprometer el éxito del proceso formativo.

El alumnado-aprendiz ocupa una posición central en el modelo de FP Dual, ya que se le exige una actitud **proactiva, responsable y comprometida** tanto en el centro educativo como en la empresa. Su implicación condiciona el aprovechamiento del aprendizaje y la correcta adquisición de competencias profesionales.

En un proyecto de FP Dual del sector sociosanitario, el tutor del centro educativo coordina las competencias a desarrollar, la empresa planifica las tareas prácticas conforme a ese plan y la administración educativa supervisa que el convenio y el desarrollo del programa se ajusten a la normativa vigente.

La FP Dual funciona como un **sistema colaborativo**, en el que cada actor aporta una perspectiva complementaria orientada a la formación integral del alumnado.

## 1.4. Normas generales que regulan la FP Dual

La Formación Profesional Dual se encuentra regulada por un **marco normativo específico** que establece las bases legales, organizativas y pedagógicas del modelo. Estas normas tienen como finalidad garantizar la calidad de la formación, la protección del alumnado y la correcta colaboración entre los agentes implicados.

## legislación

**Ley Orgánica 3/2022, de 31 de marzo, de ordenación e integración de la Formación Profesional**

La Ley Orgánica 3/2022 establece el marco normativo general del sistema de Formación Profesional en España, integrando y ordenando las distintas ofertas formativas y reforzando la conexión entre el sistema educativo y el tejido productivo. Esta norma supone un cambio estructural en la concepción de la FP, orientándola hacia un modelo flexible, modular y vinculado a la adquisición de competencias profesionales.

En este contexto, la ley consolida el carácter dual de la Formación Profesional, incorporando de forma estructural la formación en empresa como parte esencial del proceso de aprendizaje. La participación de las empresas deja de ser un elemento accesorio para convertirse en un componente integrado del sistema, bajo criterios educativos, organizativos y de calidad formativa.

Asimismo, la Ley Orgánica 3/2022 refuerza la corresponsabilidad entre centros educativos, empresas y administraciones públicas, sentando las bases para el desarrollo de figuras como la tutoría de empresa, la planificación formativa compartida y la evaluación coordinada del aprendizaje. Su aplicación se completa mediante normativa de desarrollo estatal y autonómica, que concreta los aspectos operativos del modelo de FP Dual.

La regulación de la FP Dual se articula en distintos niveles, combinando normativa **estatal** y **autonómica**, lo que permite adaptar el modelo a las particularidades de cada territorio sin perder coherencia a nivel general.

De forma general, la normativa regula aspectos como:

- La organización del sistema de FP Dual.
- Las figuras y responsabilidades de los agentes implicados.
- Las condiciones de participación de las empresas.
- El estatus del alumnado-aprendiz.
- Los criterios de evaluación y seguimiento.

Para una visión ordenada del marco regulador, se presenta la siguiente clasificación funcional de los ámbitos normativos:

| Ámbito regulado | Contenido principal |
|---|---|
| Organización del modelo | Modalidades de FP Dual, distribución de tiempos |
| Convenios de formación | Condiciones, duración y contenido mínimo |
| Derechos y deberes | Protección del alumnado-aprendiz |
| Evaluación | Criterios, instrumentos y seguimiento |
| Coordinación institucional | Relación centro–empresa–administración |

### Anotación

Aunque exista un marco estatal común, cada comunidad autónoma puede desarrollar su propio modelo de FP Dual, con particularidades organizativas y procedimentales que deben conocerse antes de la implantación del programa.

La normativa también establece la necesidad de que la empresa disponga de **medios adecuados**, personal cualificado y capacidad real para desarrollar funciones formativas, evitando que la FP Dual se convierta en una mera experiencia laboral sin valor educativo.

### Ejemplo

Antes de incorporar alumnado en FP Dual, una empresa debe firmar un convenio con el centro educativo en el que se especifiquen las competencias a adquirir, la duración de la estancia, las funciones asignadas y los mecanismos de evaluación, todo ello conforme a la normativa vigente de su comunidad autónoma.

En este sentido, el conocimiento y la correcta aplicación de las normas que regulan la FP Dual no solo constituye una obligación legal, sino también un **elemento clave de calidad**, transparencia y garantía del aprendizaje en el entorno empresarial.

**Real Decreto 1065/2025, de 26 de noviembre, por el que se desarrolla el régimen del contrato formativo**

El Real Decreto 1065/2025 desarrolla el régimen jurídico del contrato formativo, regulado en el artículo 11 del Estatuto de los Trabajadores, estableciendo las condiciones laborales aplicables a las personas que compatibilizan actividad formativa y trabajo remunerado. Esta norma concreta aspectos como la duración del contrato, la jornada, la retribución y los derechos y deberes de las partes implicadas.

En el marco de la Formación Profesional Dual, este real decreto resulta relevante en aquellos supuestos en los que la participación del alumnado-aprendiz en la empresa se articula mediante contrato formativo, diferenciándose claramente de los modelos de FP Dual basados exclusivamente en convenios de carácter educativo. En estos casos, el alumnado adquiere una doble condición: formativa y laboral, quedando sujeto tanto a la normativa educativa como a la laboral.

El Real Decreto 1065/2025 refuerza la necesidad de coordinar los objetivos formativos con las condiciones laborales, garantizando que la actividad desarrollada en la empresa mantenga su finalidad educativa y se ajuste a los planes de formación y evaluación establecidos, evitando usos impropios del contrato con fines meramente productivos.

## 1.5. Modelo autonómico de FP Dual

El modelo de Formación Profesional Dual, aun partiendo de un **marco normativo estatal común**, se concreta y desarrolla a través de los modelos autonómicos, que adaptan su implantación a las características productivas, organizativas y educativas de cada comunidad autónoma. Esta descentralización permite una mayor flexibilidad y una mejor adecuación del modelo a la realidad territorial.

*Fig. 4. La diversidad de modelos autonómicos en la FP Dual permite una mayor flexibilidad en la relación entre sistema educativo y tejido productivo, favoreciendo la adaptación de la formación a las necesidades reales del entorno socioeconómico*

Cada comunidad autónoma establece su propio **desarrollo reglamentario**, definiendo aspectos clave como:

- La organización de las modalidades de FP Dual.
- El peso relativo de la formación en el centro educativo y en la empresa.
- Los procedimientos administrativos y de autorización.
- Los requisitos específicos para las empresas colaboradoras.
- Los mecanismos de seguimiento y evaluación.

 **Importante**

El conocimiento del modelo autonómico resulta imprescindible para la empresa, ya que condiciona directamente la forma de participación, los trámites a realizar y las obligaciones asociadas a la tutoría del alumnado-aprendiz.

Aunque existen diferencias entre territorios, los modelos autonómicos suelen compartir una serie de **elementos estructurales comunes**:

| Elemento común | Descripción general |
|---|---|
| Convenio de formación | Acuerdo formal entre centro educativo y empresa |
| Plan formativo | Documento que concreta competencias, actividades y evaluación |
| Tutorías | Coordinación entre tutor/a del centro y tutor/a de empresa |
| Seguimiento | Evaluación continua del aprendizaje |
| Adaptación sectorial | Ajuste a sectores productivos prioritarios |

Estas variaciones autonómicas permiten, por ejemplo, priorizar determinados sectores estratégicos, introducir incentivos específicos a la participación empresarial o establecer procedimientos propios de acreditación y control.

En comunidades con un fuerte tejido industrial, el modelo autonómico de FP Dual puede priorizar ciclos técnicos y establecer una mayor presencia del alumnado en la empresa, mientras que en territorios con predominio del sector servicios se refuerzan competencias transversales como la atención al cliente o el trabajo en equipo.

En este contexto, la empresa debe asumir una actitud proactiva de adaptación al **marco autonómico**, entendiendo que la FP Dual no se implanta de manera uniforme en todo el territorio, sino conforme a criterios organizativos y estratégicos definidos a nivel regional.

## 1.6. Análisis de los pasos para la correcta implantación del modelo de FP Dual

La implantación de un proyecto de Formación Profesional Dual requiere un **proceso planificado y secuencial**, orientado a garantizar que la experiencia formativa cumpla su finalidad educativa y se desarrolle con criterios de calidad, coherencia y seguridad jurídica.

Este proceso no debe abordarse de manera improvisada, ya que implica responsabilidades formativas, organizativas y legales tanto para la empresa como para el centro educativo.

De forma ordenada, los pasos fundamentales para la correcta implantación del modelo de FP Dual son los siguientes:

| Fase | Contenido principal |
|---|---|
| Análisis previo | Evaluación de la capacidad formativa de la empresa |
| Coordinación inicial | Contacto y alineación con el centro educativo |
| Formalización | Firma del convenio de formación |
| Planificación | Diseño del plan formativo del alumnado |
| Ejecución | Desarrollo de la formación en empresa |
| Seguimiento | Tutorías y evaluación continua |
| Evaluación final | Valoración de resultados y mejora |

La fase inicial de análisis resulta clave para determinar si la empresa dispone de **recursos humanos, técnicos y organizativos suficientes** para asumir un rol formativo real. Este análisis debe contemplar no solo la disponibilidad de tareas, sino también la capacidad de acompañamiento y supervisión.

## Anotación

No todas las empresas están en condiciones de participar en FP Dual; la implantación solo es viable cuando existe una capacidad formativa real, alineada con los objetivos del ciclo formativo.

Una vez confirmada la viabilidad, la coordinación con el centro educativo permite alinear expectativas, definir responsabilidades y concretar el marco de actuación conjunta. A partir de este momento, la formalización mediante el convenio de formación dota al proyecto de **seguridad jurídica**.

## Ejemplo

Una empresa del sector tecnológico, antes de incorporar alumnado en FP Dual, analiza qué departamentos pueden asumir funciones formativas, define quién ejercerá la tutoría, coordina con el centro educativo las competencias a desarrollar y, posteriormente, firma el convenio que regula la relación formativa.

Durante la ejecución del proyecto, el seguimiento continuo y la evaluación compartida permiten detectar incidencias, ajustar el plan formativo y garantizar que el aprendizaje se desarrolla conforme a lo previsto. Finalmente, la evaluación global del proceso facilita la **mejora continua** y la consolidación de futuras colaboraciones en FP Dual.

La correcta implantación del modelo de FP Dual depende de una planificación rigurosa, una coordinación efectiva y un compromiso sostenido por parte de todos los agentes implicados, especialmente de la empresa como entorno formativo clave.

## 2. Descripción del convenio de formación

El **convenio de formación** constituye el instrumento jurídico y organizativo básico que regula la participación de la empresa en la Formación Profesional Dual. A través de este documento se formaliza la colaboración entre el centro educativo y la empresa, estableciendo las condiciones en las que se desarrollará la actividad formativa del alumnado-aprendiz.

*Fig. 5. El convenio de formación formaliza la corresponsabilidad entre el centro educativo y la empresa, estableciendo el marco jurídico y pedagógico que garantiza el carácter formativo de la FP Dual*

Este convenio garantiza que la formación en la empresa se realice con **finalidad educativa**, evitando confusiones con relaciones laborales ordinarias y asegurando el cumplimiento de la normativa vigente. Asimismo, permite definir con claridad las responsabilidades de cada parte y los mecanismos de seguimiento y evaluación del proceso formativo.

## Anotación

El convenio de formación no es un contrato laboral, sino un acuerdo de carácter formativo, cuya finalidad principal es el aprendizaje del alumnado conforme a un plan previamente establecido.

Desde el punto de vista operativo, el convenio actúa como documento de referencia durante todo el periodo de FP Dual, facilitando la coordinación, la transparencia y la seguridad jurídica tanto para la empresa como para el centro educativo y el alumnado.

## 2.1. Concepto

El convenio de formación puede definirse como el **acuerdo formal suscrito entre el centro educativo y la empresa**, mediante el cual se regulan las condiciones de participación de esta última en el desarrollo de un proyecto de Formación Profesional Dual.

Este acuerdo establece el marco general de la relación formativa y concreta aspectos esenciales como:

- La identificación de las partes firmantes.
- El ciclo formativo o especialidad objeto del convenio.
- La duración y el calendario de la formación en empresa.
- Las figuras responsables del seguimiento y la tutoría.
- Los criterios generales de evaluación.

El convenio de formación responde a un principio de **corresponsabilidad**, en el que ambas partes asumen compromisos orientados a garantizar una formación de calidad, alineada con los resultados de aprendizaje del ciclo formativo.

**Ejemplo**

Un centro educativo de FP y una empresa del sector comercial suscriben un convenio de formación para la incorporación de alumnado en modalidad Dual. En dicho convenio se especifica el ciclo formativo, el periodo de estancia en la empresa, las funciones formativas asignadas y las personas responsables de la tutoría y evaluación.

De este modo, el convenio se configura como un **documento marco**, sobre el que posteriormente se desarrollan instrumentos más concretos, como el plan de formación individualizado del alumnado.

## 2.2. Contenido del convenio

El contenido del convenio de formación debe recoger, de manera clara y estructurada, todos los elementos necesarios para garantizar el correcto desarrollo del proceso formativo en la empresa. Aunque pueden existir particularidades según la normativa autonómica, el convenio suele incluir una serie de **contenidos mínimos comunes**.

A continuación, se presenta una relación de los principales elementos que debe contemplar un convenio de formación:

| Apartado del convenio | Contenido esencial |
| --- | --- |
| Identificación de las partes | Datos del centro educativo y de la empresa |
| Objeto del convenio | Finalidad formativa y ciclo o especialidad |
| Duración y calendario | Periodo de vigencia y distribución temporal |
| Plan formativo | Referencia a competencias y actividades |
| Tutorías | Designación de tutor/a de centro y empresa |
| Derechos y deberes | Compromisos del alumnado y de las partes |
| Evaluación | Criterios, instrumentos y seguimiento |
| Prevención y seguridad | Medidas de protección y PRL |
| Régimen de incidencias | Procedimientos ante conflictos o incumplimientos |

**Importante**

El convenio debe adaptarse a la normativa autonómica vigente y no puede contradecir lo establecido en la regulación general de la FP Dual.

Además de estos contenidos básicos, el convenio puede incorporar cláusulas específicas relacionadas con la confidencialidad, la protección de datos, la sostenibilidad o la igualdad de oportunidades, siempre que se mantenga su carácter formativo.

**Ejemplo**

En un convenio de formación del ámbito sociosanitario se incluye, junto a los datos generales, una cláusula específica sobre prevención de riesgos laborales y protección de datos personales, dada la naturaleza sensible de la información con la que el alumnado puede trabajar durante su estancia en la empresa.

En definitiva, el convenio de formación constituye una herramienta clave de **planificación, coordinación y garantía**, ya que fija las bases sobre las que se desarrolla la FP Dual y permite asegurar que la experiencia formativa en la empresa se ajusta a criterios educativos, legales y organizativos adecuados.

## 3. Situación del/la alumno/a-aprendiz

La figura del alumno o alumna-aprendiz en la Formación Profesional Dual presenta una **situación específica y diferenciada** respecto a otras modalidades formativas. Se trata de una persona que participa simultáneamente en un proceso educativo reglado y en una actividad formativa desarrollada en el seno de una empresa, sin que ello implique, con carácter general, la existencia de una relación laboral ordinaria.

*Fig. 6. La situación del alumno o alumna-aprendiz en la FP Dual se caracteriza por una vinculación formativa protegida, que permite aprender en un entorno profesional real sin asumir las responsabilidades propias de una relación laboral ordinaria*

La situación del alumnado-aprendiz se define por su **doble vinculación**: por un lado, al centro educativo, que garantiza la coherencia pedagógica del proceso; y por otro, a la empresa, que actúa como entorno de aprendizaje práctico. Esta posición intermedia exige un marco claro de derechos y obligaciones que asegure tanto la protección del alumnado como el cumplimiento de los objetivos formativos.

 **Anotación**

La finalidad principal de la estancia del alumnado en la empresa es formativa, no productiva, lo que condiciona su estatus, las tareas asignadas y el régimen de responsabilidades.

## 3.1. Concepto

El alumno o alumna-aprendiz puede definirse como la persona matriculada en una enseñanza de Formación Profesional que participa en un proyecto de FP Dual, alternando la formación en el centro educativo con una formación práctica planificada en la empresa.

Este alumnado se caracteriza por:

- Estar vinculado a un plan formativo individualizado.
- Desarrollar actividades en la empresa con objetivos educativos definidos.
- Estar sujeto a seguimiento y evaluación por parte del centro educativo y la empresa.
- No ocupar un puesto de trabajo ordinario, sino una posición formativa supervisada.

Ejemplo

Un alumno de un ciclo formativo en modalidad Dual asiste varios días a la semana a la empresa, donde realiza tareas progresivamente más complejas bajo supervisión, mientras completa en el centro educativo los módulos teóricos y participa en tutorías de seguimiento.

Este concepto subraya que el alumno-aprendiz es un **sujeto activo de aprendizaje**, al que se le exige implicación y responsabilidad, pero que debe contar con un entorno protegido y orientado al desarrollo de competencias profesionales.

## 3.2. Derechos

El alumnado-aprendiz en FP Dual dispone de un conjunto de **derechos específicos**, orientados a garantizar una experiencia formativa segura, equitativa y coherente con los objetivos educativos. Estos derechos se derivan tanto de la normativa general como de lo establecido en el convenio de formación.

Entre los principales derechos del alumnado-aprendiz se encuentran los siguientes:

| Derecho | Contenido esencial |
|---|---|
| Derecho a la formación | Recibir una formación acorde al plan formativo |
| Derecho a la tutela | Contar con tutoría y acompañamiento |
| Derecho a la información | Conocer normas, tareas y criterios de evaluación |
| Derecho a la seguridad | Desarrollar la actividad en condiciones seguras |
| Derecho a la evaluación | Ser evaluado conforme a criterios establecidos |
| Derecho al respeto | Trato digno e integrador en la empresa |

Si un alumno-aprendiz detecta que se le asignan tareas ajenas a su plan formativo o sin supervisión, tiene derecho a comunicarlo al tutor de empresa o al tutor del centro educativo para que se adopten las medidas correctoras necesarias.

El reconocimiento de estos derechos contribuye a generar un entorno de aprendizaje positivo, en el que el alumnado puede desarrollar sus competencias sin situaciones de abuso, riesgo o desprotección.

El alumnado-aprendiz no puede ser utilizado para cubrir necesidades estructurales de personal ni asumir responsabilidades que excedan su nivel formativo.

## 3.3. Obligaciones

Junto a los derechos, el alumnado-aprendiz asume una serie de **obligaciones** que resultan imprescindibles para el correcto desarrollo de la FP Dual. Estas obligaciones están directamente relacionadas con su condición de participante activo en un entorno profesional real.

Las principales obligaciones del alumnado-aprendiz son las siguientes:

| Obligación | Descripción |
|---|---|
| Cumplimiento del plan formativo | Realizar las actividades previstas |
| Asistencia y puntualidad | Respetar horarios y calendario |
| Respeto a normas internas | Acatar normas de la empresa |
| Actitud profesional | Mantener conducta responsable |
| Confidencialidad | Proteger la información sensible |
| Seguridad y prevención | Cumplir normas de PRL |

## Anotación

El incumplimiento reiterado de las obligaciones puede dar lugar a medidas correctoras e incluso a la interrupción de la participación en el programa de FP Dual, conforme a lo establecido en la normativa y en el convenio de formación.

La situación del alumno o alumna-aprendiz en la FP Dual se configura como un equilibrio entre **derechos y obligaciones**, orientado a garantizar una formación de calidad, responsable y alineada con las exigencias del entorno profesional.

Un alumno-aprendiz que respeta los horarios, sigue las indicaciones del formador y comunica dudas o incidencias demuestra una actitud profesional que favorece su aprendizaje y su integración en el entorno laboral.

# 4. Identificación del proceso de selección del/la alumno/a-aprendiz

El proceso de selección del alumno o alumna-aprendiz en la Formación Profesional Dual constituye una **fase clave** para el éxito del proyecto formativo, ya que condiciona tanto el aprovechamiento del aprendizaje como la integración del alumnado en el entorno empresarial. A diferencia de otros procesos selectivos, su finalidad no es cubrir un puesto de trabajo, sino identificar **perfiles adecuados** para un proceso de aprendizaje en contexto real.

*Fig. 7. La selección del alumnado en la FP Dual debe orientarse a identificar el potencial formativo y la adecuación al entorno de aprendizaje, priorizando la motivación, la actitud y la capacidad de adaptación frente a criterios productivos*

La selección debe realizarse de forma coordinada entre el centro educativo y la empresa, teniendo en cuenta los **requisitos** formativos del ciclo, las **características** del entorno productivo y las **competencias** personales y actitudinales necesarias para el correcto desarrollo de la experiencia Dual.

 **Anotación**

El proceso de selección en FP Dual debe basarse en criterios formativos y pedagógicos, evitando enfoques propios de la selección laboral orientada exclusivamente a la productividad.

Este proceso suele estructurarse en varias fases, que permiten asegurar la idoneidad del alumnado y la coherencia con los objetivos del programa.

## 4.1. Preparación de la selección

La preparación de la selección constituye la fase previa en la que se definen los **criterios, perfiles y procedimientos** que guiarán la incorporación del alumnado-aprendiz. Una planificación adecuada en esta etapa reduce incidencias posteriores y favorece una experiencia formativa ajustada a las expectativas de ambas partes. Durante esta fase, resulta fundamental analizar:

- Las competencias profesionales que se van a desarrollar en la empresa.
- Las tareas formativas que podrá realizar el alumnado.
- El perfil académico y personal más adecuado.
- Las condiciones organizativas del entorno de trabajo.

Para sistematizar esta preparación, pueden identificarse los siguientes elementos clave:

| Elemento de preparación | Finalidad |
|---|---|
| Definición del perfil | Ajustar el alumnado al entorno formativo |
| Revisión del plan formativo | Garantizar coherencia con el ciclo |
| Coordinación con el centro | Unificar criterios de selección |
| Establecimiento de requisitos | Clarificar expectativas |
| Diseño del proceso | Determinar fases e instrumentos |

La empresa debe seleccionar únicamente alumnado para el que pueda garantizar una formación real, **progresiva y supervisada**, conforme al plan formativo acordado.

Ejemplo

Antes de iniciar la selección, una empresa del sector hostelero define que el alumnado deberá mostrar interés por la atención al cliente, capacidad de trabajo en equipo y disponibilidad horaria compatible con el calendario formativo, criterios que se comparten con el centro educativo para realizar una preselección adecuada.

Esta fase permite, además, informar de manera clara al alumnado sobre las **características** del proyecto Dual, evitando expectativas erróneas respecto a funciones, horarios o responsabilidades.

## 4.2. Entrevista de selección

La entrevista de selección es una **herramienta fundamental** para valorar la adecuación del alumnado-aprendiz al entorno formativo de la empresa. Su finalidad no es evaluar competencias técnicas avanzadas, sino identificar actitudes, motivación, capacidad de aprendizaje y adaptación.

Durante la entrevista, se recomienda abordar aspectos como:

- Interés por el sector profesional.
- Conocimiento básico del ciclo formativo.
- Expectativas respecto a la FP Dual.
- Disponibilidad y compromiso.
- Habilidades comunicativas y actitudinales.

A continuación, se presenta una relación orientativa de los aspectos que pueden evaluarse en la entrevista:

| Aspecto evaluado | Enfoque |
|---|---|
| Motivación | Interés real por aprender |
| Actitud | Responsabilidad y compromiso |
| Comunicación | Claridad y respeto |
| Adaptabilidad | Capacidad de integrarse |
| Expectativas | Ajuste a la realidad formativa |

 **Importante**

La entrevista debe desarrollarse en un clima de confianza y respeto, evitando preguntas ajenas al ámbito formativo o que vulneren la igualdad de oportunidades.

*Fig. 8. La entrevista en la FP Dual constituye un espacio de contraste formativo, orientado a valorar la motivación, la actitud y la adecuación del alumnado al proyecto educativo y al entorno profesional, más allá de sus conocimientos previos*

La entrevista también constituye una oportunidad para que la empresa **explique el funcionamiento del proyecto Dual**, las normas básicas y el tipo de acompañamiento que recibirá el alumnado, reforzando la transparencia y la corresponsabilidad desde el inicio.

Ejemplo

Durante una entrevista, se plantea al alumno cómo reaccionaría ante una tarea nueva que no domina. Su respuesta permite valorar su predisposición al aprendizaje, su capacidad para pedir ayuda y su actitud ante situaciones desconocidas.

Un proceso de selección bien planificado y ejecutado favorece la adecuación entre **alumnado, empresa y proyecto formativo**, sentando las bases para una experiencia de FP Dual eficaz, enriquecedora y alineada con los objetivos educativos.

## 5. Preparación de la acogida del/la alumno/a-aprendiz

La acogida del alumno o alumna-aprendiz constituye una **fase determinante** en el desarrollo del proyecto de Formación Profesional Dual, ya que marca el inicio de la experiencia formativa en la empresa y condiciona en gran medida la adaptación, la motivación y el aprovechamiento del aprendizaje.

La preparación de la acogida no debe improvisarse, sino que ha de entenderse como un **proceso planificado**, en el que se anticipan las necesidades del alumnado, se organizan los recursos y se definen las pautas de actuación que facilitarán su integración progresiva en el entorno profesional.

### Anotación

Una acogida deficiente puede generar desorientación, inseguridad o desmotivación en el alumnado-aprendiz, afectando negativamente al desarrollo del plan formativo desde las primeras fases.

La empresa, en coordinación con el centro educativo, debe asumir la acogida como parte esencial de su **responsabilidad formativa**, garantizando un entorno estructurado, seguro y coherente con los objetivos del proyecto Dual.

## 5.1. La importancia de un buen proceso de acogida

Un proceso de acogida adecuado permite al alumno o alumna-aprendiz **comprender el funcionamiento** de la empresa, su cultura organizativa y las normas básicas de actuación, facilitando una incorporación progresiva y ordenada a las actividades formativas.

*Fig. 9. Un proceso de acogida estructurado facilita la adaptación progresiva del alumnado-aprendiz al ritmo, la cultura y las normas de la empresa, reduciendo la incertidumbre inicial y favoreciendo un aprendizaje seguro y eficaz*

La acogida cumple varias funciones clave:

- Reducir la incertidumbre inicial del alumnado.
- Favorecer la integración en el equipo de trabajo.
- Asegurar el conocimiento de normas de seguridad y prevención.
- Clarificar expectativas, roles y responsabilidades.
- Establecer una relación de confianza con las figuras de tutoría y formación.

Para visualizar los principales beneficios de un buen proceso de acogida, se presenta a continuación una síntesis estructurada:

| Beneficio | Impacto en el alumnado-aprendiz |
|---|---|
| Orientación inicial | Mayor seguridad y confianza |
| Integración social | Mejora del clima de aprendizaje |
| Claridad organizativa | Reducción de errores e incidencias |
| Motivación | Mayor implicación formativa |
| Prevención | Disminución de riesgos laborales |

Ejemplo

En una empresa del sector industrial, el primer día de acogida incluye una visita guiada por las instalaciones, la presentación del equipo, una explicación básica de los procesos y una sesión específica sobre normas de seguridad, lo que permite al alumnado situarse antes de comenzar las tareas formativas.

Un buen proceso de acogida no solo beneficia al alumnado, sino que también facilita el trabajo del tutor y del formador, al establecer desde el inicio un marco claro de actuación y comunicación.

## 5.2. Buenas prácticas en la acogida

Las buenas prácticas en la acogida del alumnado-aprendiz se basan en la planificación, la claridad informativa y el acompañamiento progresivo, evitando incorporaciones bruscas o desestructuradas.

Entre las principales buenas prácticas que favorecen una acogida eficaz pueden identificarse las siguientes:

| Buena práctica | Descripción |
| --- | --- |
| Planificación previa | Preparar espacios, recursos y responsables |
| Presentación formal | Introducir al alumnado al equipo |
| Información clara | Explicar normas, horarios y funciones |
| Formación inicial | Instrucción básica en PRL |
| Acompañamiento progresivo | Asignación gradual de tareas |
| Comunicación abierta | Facilitar canales de consulta |

La acogida debe adaptarse al nivel formativo del alumnado, evitando tanto la sobreexigencia inicial como la asignación de tareas irrelevantes.

Asimismo, resulta recomendable documentar el proceso de acogida mediante **protocolos o guías internas**, que aseguren la homogeneidad del procedimiento y faciliten su repetición en futuras incorporaciones de alumnado en FP Dual.

Durante la primera semana, una empresa asigna al alumno-aprendiz un formador de referencia que le acompaña en las tareas básicas, resuelve dudas y revisa diariamente el progreso, reforzando la sensación de apoyo y seguimiento.

La preparación de la acogida y la aplicación de buenas prácticas constituyen un factor crítico de éxito del modelo de FP Dual, ya que permiten sentar las bases de una experiencia formativa positiva, segura y alineada con los objetivos educativos y profesionales del programa.

# 6. Creación del plan de formación y evaluación del alumno/a-aprendiz

El plan de formación y evaluación del alumno o alumna-aprendiz constituye el instrumento **pedagógico central** de la Formación Profesional Dual, ya que concreta cómo se trasladan los objetivos y resultados de aprendizaje del ciclo formativo al entorno real de la empresa. Este plan permite estructurar el aprendizaje práctico, garantizar su coherencia con la formación impartida en el centro educativo y establecer criterios claros para la evaluación.

La elaboración del plan no debe entenderse como un mero trámite administrativo, sino como un proceso de **diseño formativo**, en el que se analizan las posibilidades reales de la empresa, se secuencian las actividades y se definen los mecanismos de seguimiento y evaluación del progreso del alumnado.

**Importante**

Un plan de formación mal definido puede desvirtuar la FP Dual, convirtiendo la estancia en empresa en una experiencia poco estructurada y con escaso valor educativo.

## 6.1. Elaboración de un plan de formación

El plan de formación del alumno o alumna-aprendiz es el documento que detalla las competencias a adquirir, las actividades formativas a desarrollar y los criterios de evaluación, adaptados al contexto específico de la empresa y al perfil del alumnado.

Para su correcta elaboración, resulta necesario partir de los resultados de **aprendizaje del ciclo formativo**, identificando cuáles pueden desarrollarse total o parcialmente en la empresa y en qué momentos del proceso formativo.

Un plan de formación eficaz suele contemplar los siguientes elementos:

| Elemento del plan | Finalidad |
|---|---|
| Resultados de aprendizaje | Definir qué se debe aprender |
| Competencias asociadas | Concretar capacidades a desarrollar |
| Actividades formativas | Vincular aprendizaje y práctica |
| Temporalización | Secuenciar el proceso |
| Responsables | Asignar tutoría y supervisión |
| Criterios de evaluación | Valorar el progreso del alumnado |

La secuenciación progresiva de las actividades resulta esencial, comenzando por tareas de **observación y apoyo**, y avanzando hacia actividades de mayor complejidad y autonomía, siempre bajo supervisión.

Ejemplo

En un plan de formación del sector administrativo, el alumnado inicia su estancia realizando tareas de observación y archivo documental, continúa con el manejo supervisado de aplicaciones de gestión y finaliza participando en procesos administrativos completos, evaluados conforme a criterios previamente establecidos.

La evaluación debe integrarse desde el inicio del plan, definiendo **instrumentos variados** (observación directa, registros de actividad, informes de seguimiento, valoraciones conjuntas), que permitan valorar tanto la adquisición de competencias técnicas como de competencias transversales.

## 6.2. Incorporación de criterios sostenibles en un plan de formación

La FP Dual ofrece una oportunidad privilegiada para integrar **criterios de sostenibilidad** en el proceso formativo, alineando el aprendizaje del alumnado con los principios de responsabilidad social, eficiencia de recursos y respeto al entorno.

La incorporación de estos criterios en el plan de formación permite que el alumnado no solo adquiera competencias técnicas, sino también una **conciencia profesional sostenible**, aplicable a su futura trayectoria laboral.

Entre los principales ámbitos en los que pueden integrarse criterios sostenibles destacan los siguientes:

| Ámbito | Aplicación en el plan de formación |
|---|---|
| Uso de recursos | Consumo responsable de materiales |
| Gestión de residuos | Separación y tratamiento adecuado |
| Eficiencia energética | Buenas prácticas operativas |
| Prevención de riesgos | Seguridad y salud laboral |
| Responsabilidad social | Conducta ética y profesional |

La sostenibilidad debe abordarse como un **criterio transversal**, integrado en las actividades formativas habituales, y no como un contenido aislado o meramente teórico.

Ejemplo

En una empresa del sector industrial, el plan de formación incluye la correcta gestión de residuos de producción, el uso eficiente de maquinaria y el cumplimiento de protocolos de seguridad, integrando estos aspectos como criterios evaluables del desempeño del alumnado.

La incorporación de criterios sostenibles refuerza la calidad del modelo de FP Dual y contribuye a formar profesionales más conscientes, responsables y alineados con las exigencias actuales del mercado laboral y de la sociedad.

La creación del plan de formación y evaluación, junto con la integración de la sostenibilidad, permite consolidar la FP Dual como un **modelo formativo integral**, orientado tanto al desarrollo profesional del alumnado como a la mejora continua de las prácticas empresariales.

## 6.3. Descripción de ejemplos de un plan de formación

La descripción de ejemplos de planes de formación permite **visualizar de manera práctica** cómo se concretan los objetivos, competencias y actividades del modelo de FP Dual en contextos empresariales reales. Estos ejemplos no deben entenderse como modelos cerrados, sino como **referencias orientativas** que facilitan la adaptación del plan a distintos sectores y entornos productivos.

Un plan de formación eficaz se caracteriza por su **progresividad**, su coherencia con el ciclo formativo y su adecuación a la capacidad formativa de la empresa. A continuación, se presentan dos ejemplos desarrollados que ilustran esta estructura.

| A. Plan de formación en una empresa administrativa |
| --- |

En un entorno administrativo, el plan de formación puede estructurarse de forma gradual, combinando tareas de apoyo con actividades de mayor responsabilidad.

| Fase | Actividades formativas | Competencias asociadas |
| --- | --- | --- |
| Inicial | Observación de procesos, archivo documental | Organización básica, manejo de información |
| Intermedia | Gestión de documentación, uso de aplicaciones | Competencia digital, autonomía progresiva |
| Avanzada | Tramitación supervisada de expedientes | Responsabilidad y calidad en el trabajo |

 **Anotación**

La progresión de actividades debe ajustarse al ritmo de aprendizaje del alumnado, evitando asignar tareas complejas sin la preparación previa necesaria.

**B. Plan de formación en una empresa del sector servicios**

En el sector servicios, el plan de formación suele priorizar la adquisición de **competencias transversales**, como la comunicación o la atención al cliente, junto con habilidades técnicas específicas.

| Fase | Actividades formativas | Competencias asociadas |
|------|------------------------|------------------------|
| Inicial | Atención al público acompañada | Comunicación y trato profesional |
| Intermedia | Gestión de incidencias sencillas | Resolución de problemas |
| Avanzada | Atención autónoma supervisada | Autonomía y responsabilidad |

Estos ejemplos evidencian la necesidad de que el plan de formación sea un **documento vivo**, susceptible de ajustes en función de la evolución del alumnado y de las condiciones reales del entorno empresarial.

## 6.4. Criterios de evaluación

Los criterios de evaluación constituyen el referente fundamental para valorar el **grado de adquisición de competencias** del alumno o alumna-aprendiz durante su participación en la FP Dual. Estos criterios deben derivarse directamente de los resultados de aprendizaje del ciclo formativo y estar claramente definidos desde el inicio del proceso.

*Fig. 10. Los criterios de evaluación en la FP Dual permiten valorar de forma objetiva el grado de adquisición de competencias, asegurando que el progreso del alumnado se ajusta a los resultados de aprendizaje establecidos*

La evaluación en FP Dual se caracteriza por ser:

- **Continua**, a lo largo de todo el proceso formativo.
- **Formativa**, orientada a la mejora.
- **Compartida**, entre centro educativo y empresa.
- **Objetiva**, basada en criterios previamente establecidos.

De forma estructurada, los criterios de evaluación suelen atender a los siguientes ámbitos:

| Ámbito evaluado | Enfoque |
|---|---|
| Competencias técnicas | Ejecución correcta de tareas |
| Competencias transversales | Trabajo en equipo, comunicación |
| Actitud profesional | Responsabilidad y compromiso |
| Seguridad y prevención | Cumplimiento de normas |
| Autonomía | Capacidad de actuación progresiva |

Los criterios de evaluación deben ser **conocidos por el alumnado-aprendiz**, de modo que pueda comprender qué se espera de su desempeño y cómo se valorará su progreso.

**Ejemplo**

En un plan de formación, se establece como criterio de evaluación la correcta gestión de documentación administrativa, valorando no solo el resultado final, sino también el orden, la confidencialidad y el cumplimiento de plazos.

Una definición clara de los criterios favorece la transparencia del proceso y refuerza la función educativa de la evaluación.

## 6.5. Herramientas de soporte para la evaluación

Las herramientas de soporte para la evaluación permiten **recoger evidencias objetivas** del aprendizaje del alumnado-aprendiz y facilitan el seguimiento sistemático del proceso formativo. Su uso contribuye a una evaluación más rigurosa, coherente y compartida entre los agentes implicados.

Entre las principales herramientas de soporte utilizadas en la FP Dual se encuentran:

| Herramienta | Finalidad |
|---|---|
| Fichas de seguimiento | Registrar el progreso periódico |
| Observación directa | Valorar el desempeño en tareas |
| Informes del tutor/a | Evaluar evolución y actitud |
| Registros de actividades | Documentar tareas realizadas |
| Reuniones de tutoría | Analizar avances e incidencias |

Las herramientas de evaluación deben ser **sencillas, funcionales y coherentes** con el plan de formación, evitando una carga documental excesiva que dificulte su aplicación real.

Ejemplo

Un tutor de empresa utiliza una ficha semanal de seguimiento en la que registra las tareas realizadas, el grado de autonomía alcanzado y las observaciones relevantes, información que posteriormente se comparte con el tutor del centro educativo.

La combinación de distintas herramientas permite obtener una **visión global y equilibrada** del proceso de aprendizaje, integrando aspectos técnicos, actitudinales y organizativos.

A continuación, se expone un ejemplo completo de plan de formación y evaluación en FP Dual.

Con el fin de facilitar la comprensión práctica del modelo de Formación Profesional Dual, se presenta a continuación un plan de formación desarrollado de **manera íntegra**, que muestra cómo se concretan los objetivos, competencias, actividades y criterios de evaluación en un contexto empresarial real. Este ejemplo tiene carácter orientativo y permite visualizar de forma global la aplicación del modelo.

**Contexto general del plan de formación:**

- **Ciclo formativo:** Gestión Administrativa.
- **Modalidad:** Formación Profesional Dual.
- **Empresa colaboradora:** Empresa del sector servicios administrativos.
- **Duración de la estancia en empresa:** 6 meses.
- **Jornada formativa en empresa:** 3 días a la semana.
- **Figura responsable en la empresa:** Tutor/a de empresa y formador/a de referencia.

La empresa dispone de procesos administrativos estables, herramientas digitales de gestión y personal cualificado para asumir funciones formativas.

El objetivo general del plan de formación es favorecer la adquisición progresiva de competencias profesionales vinculadas a la gestión administrativa básica, integrando conocimientos técnicos, competencias digitales, habilidades comunicativas y actitudes profesionales en un entorno real de trabajo.

Los resultados de aprendizaje y competencias asociadas son; el plan de formación se articula a partir de los resultados de aprendizaje del ciclo formativo que pueden desarrollarse en la empresa, entre los que destacan:

- Realizar operaciones administrativas básicas de apoyo a la gestión empresarial.
- Gestionar documentación interna y externa conforme a procedimientos establecidos.
- Utilizar aplicaciones informáticas de gestión administrativa.
- Aplicar normas de confidencialidad, organización y prevención de riesgos laborales.

Las competencias asociadas incluyen la organización del trabajo, la responsabilidad profesional, la comunicación en entornos laborales y la autonomía progresiva.

**Secuenciación de actividades formativas:** El aprendizaje se estructura en fases progresivas, ajustadas al nivel del alumnado-aprendiz:

1. **Fase inicial (primer mes):**
   o Observación del funcionamiento general de la empresa.
   o Conocimiento de la estructura organizativa y de los circuitos documentales.
   o Archivo y clasificación básica de documentación.
   o Formación inicial en prevención de riesgos laborales y protección de datos.
2. **Fase intermedia (del segundo mes al cuarto):**
   o Gestión de documentación administrativa real bajo supervisión.
   o Uso guiado de aplicaciones de facturación y bases de datos internas.
   o Atención telefónica básica y apoyo en tareas de atención al cliente.
   o Participación en tareas administrativas rutinarias.
3. **Fase avanzada (meses quinto y sexto):**
   o Tramitación supervisada de expedientes administrativos completos.
   o Gestión autónoma de documentación asignada.
   o Resolución de incidencias sencillas siguiendo procedimientos establecidos.
   o Coordinación básica con otros departamentos.

**Criterios de evaluación:** La evaluación del aprendizaje se realiza de forma continua y compartida entre el centro educativo y la empresa, atendiendo a los siguientes criterios:

- Correcta ejecución de las tareas administrativas asignadas.
- Uso adecuado de herramientas informáticas.
- Organización, orden y cumplimiento de plazos.
- Actitud profesional, responsabilidad y respeto a normas internas.
- Aplicación de medidas de seguridad, confidencialidad y prevención de riesgos.
- Grado de autonomía alcanzado en cada fase del proceso.

**Instrumentos de evaluación:** Para recoger evidencias del aprendizaje se utilizan los siguientes instrumentos:

- Observación directa del desempeño en el puesto formativo.
- Fichas periódicas de seguimiento del tutor o tutora de empresa.
- Informes del formador o formadora sobre la evolución del alumnado.
- Reuniones de tutoría entre empresa y centro educativo.
- Valoración final conjunta del proceso formativo.

**Integración de criterios de sostenibilidad:** El plan incorpora criterios de sostenibilidad de manera transversal, fomentando:

- El uso responsable de recursos materiales y digitales.
- La correcta gestión de residuos administrativos.
- La aplicación de buenas prácticas en eficiencia organizativa.
- El cumplimiento riguroso de normas de seguridad y salud laboral.

**Resultado esperado del plan de formación:** Al finalizar el periodo de FP Dual, se espera que el alumnado:

- Haya adquirido competencias profesionales aplicables al ámbito administrativo.
- Sea capaz de desenvolverse con autonomía supervisada en tareas reales.
- Comprenda la organización y funcionamiento de una empresa de servicios.
- Muestre una actitud profesional acorde a las exigencias del entorno laboral.

# 7. Identificación de la figura del/la formador/a

La figura del formador o formadora en la Formación Profesional Dual desempeña un **papel clave en el proceso de aprendizaje práctico del alumnado-aprendiz,** ya que actúa como referente técnico y pedagógico en el entorno empresarial. Su función principal consiste en guiar, supervisar y facilitar la adquisición de competencias profesionales, asegurando que las actividades desarrolladas se ajustan al plan de formación establecido.

*Fig. 11. El formador o formadora en la FP Dual actúa como mediador del aprendizaje, traduciendo la experiencia profesional en conocimiento comprensible y aplicable para el alumnado-aprendiz*

El formador o formadora no sustituye al tutor o tutora de empresa, sino que complementa su labor, centrándose especialmente en la **transmisión de conocimientos prácticos**, el acompañamiento en la ejecución de tareas y la evaluación del desempeño en situaciones reales de trabajo.

 **Anotación**

El formador o formadora de FP Dual no requiere necesariamente una titulación docente específica, pero sí debe contar con experiencia profesional, capacidad de comunicación y disposición para la enseñanza.

La identificación de esta figura implica seleccionar a profesionales que, además de dominar su ámbito técnico, muestren **actitud formativa**, compromiso y capacidad para adaptar su conocimiento al nivel del alumnado.

## 7.1. Consejos para llevar a cabo el proceso

La correcta identificación y desempeño de la figura del formador o formadora requiere una serie de **buenas prácticas** que favorecen un aprendizaje efectivo y una experiencia positiva para el alumnado-aprendiz.

Entre los principales consejos para llevar a cabo este proceso destacan:

| Consejo | Finalidad |
|---|---|
| Seleccionar perfiles adecuados | Garantizar competencia técnica |
| Clarificar funciones | Evitar solapamientos |
| Facilitar información formativa | Alinear con el plan de formación |
| Fomentar la comunicación | Resolver dudas y seguimiento |
| Promover la actitud pedagógica | Mejorar el aprendizaje |

**Anotación**

El formador o formadora debe conocer el plan de formación del alumnado, los criterios de evaluación y los objetivos del proyecto Dual para orientar adecuadamente el proceso de aprendizaje.

Asimismo, resulta recomendable reconocer el papel del formador dentro de la organización, evitando que su función formativa quede diluida entre otras responsabilidades productivas.

**Ejemplo**

Antes de comenzar la FP Dual, la empresa organiza una breve sesión informativa con los formadores, en la que se explica el plan de formación, el perfil del alumnado y los criterios de evaluación, facilitando una actuación coherente y coordinada.

## 7.2. Desarrollo del proceso de aprendizaje

El proceso de aprendizaje en la FP Dual se desarrolla de forma **progresiva, guiada y contextualizada**, permitiendo al alumnado adquirir competencias a través de la práctica real, bajo la supervisión directa del formador o formadora.

Este proceso suele estructurarse en varias etapas, que facilitan la evolución del alumnado desde la observación inicial hasta la autonomía supervisada:

| Etapa | Características |
|---|---|
| Observación | Conocimiento del entorno y procesos |
| Ejecución guiada | Realización de tareas con apoyo |
| Ejecución supervisada | Mayor autonomía con control |
| Autonomía progresiva | Desarrollo responsable de tareas |

El formador o formadora debe adaptar las tareas al **nivel de competencia** del alumnado, proporcionando instrucciones claras, demostraciones prácticas y retroalimentación continua.

La retroalimentación constante es un elemento esencial del aprendizaje, ya que permite corregir errores, reforzar aciertos y consolidar competencias.

 Ejemplo

En una empresa del sector industrial, el formador muestra inicialmente el uso de una herramienta, posteriormente supervisa al alumnado durante la ejecución y, finalmente, evalúa su autonomía conforme a los criterios establecidos en el plan de formación.

El desarrollo del proceso de aprendizaje debe integrar también aspectos transversales, como la seguridad, la comunicación, el trabajo en equipo y el respeto a las normas internas de la empresa.

La correcta identificación de la figura del formador y el adecuado desarrollo del proceso de aprendizaje permiten garantizar que la FP Dual cumpla su finalidad educativa, favoreciendo la adquisición de competencias profesionales en un entorno real y estructurado.

## 7.3. Herramientas para el formador/a

El formador o formadora en la FP Dual necesita disponer de herramientas que faciliten la planificación, el seguimiento y la evaluación del aprendizaje práctico del alumnado-aprendiz. Estas herramientas permiten sistematizar la acción formativa, asegurar la coherencia con el plan de formación y recoger evidencias objetivas del progreso.

Las herramientas no deben concebirse como un fin en sí mismas, sino como **instrumentos de apoyo** que refuercen la labor pedagógica del formador y faciliten la coordinación con el tutor o tutora de empresa y el centro educativo.

Entre las principales herramientas de apoyo destacan las siguientes:

| Herramienta | Finalidad |
|---|---|
| Plan de formación | Orientar actividades y objetivos |
| Guías de tareas | Estructurar la ejecución práctica |
| Fichas de seguimiento | Registrar evolución y observaciones |
| Listas de comprobación | Verificar adquisición de competencias |
| Registros de incidencias | Documentar situaciones relevantes |
| Canales de comunicación | Coordinar con tutorías y centro |

Ejemplo

Un formador utiliza una ficha semanal en la que anota las tareas realizadas por el alumnado, el grado de autonomía alcanzado y las observaciones sobre actitud y seguridad, información que se comparte posteriormente con el tutor de empresa.

El uso adecuado de estas herramientas contribuye a una formación más estructurada, transparente y evaluable, mejorando la calidad del proceso de FP Dual.

 **Importante**

Las herramientas utilizadas deben ser sencillas, operativas y adaptadas a la realidad de la empresa, evitando una carga documental excesiva que dificulte su aplicación.

## 7.4. Perfil del formador/a ideal

El perfil del formador o formadora ideal en FP Dual combina experiencia profesional, habilidades pedagógicas y compromiso con la formación, permitiendo trasladar el conocimiento técnico al alumnado de manera comprensible, progresiva y contextualizada.

*Fig. 12. El perfil del formador o formadora en la FP Dual integra conocimiento técnico, habilidades comunicativas y capacidad de adaptación al nivel del alumnado, facilitando un aprendizaje eficaz en contextos profesionales reales*

Este perfil no se define únicamente por la cualificación técnica, sino también por la **actitud y la disposición** para enseñar, acompañar y evaluar el aprendizaje en un entorno real de trabajo.

De forma sintetizada, el perfil del formador ideal incluye los siguientes rasgos:

| Rasgo del perfil | Descripción |
|---|---|
| Experiencia profesional | Dominio del ámbito técnico |
| Capacidad comunicativa | Explicaciones claras y adaptadas |
| Actitud pedagógica | Disposición para enseñar |
| Responsabilidad | Compromiso con el plan formativo |
| Empatía | Comprensión del proceso de aprendizaje |
| Rigor profesional | Exigencia formativa adecuada |

**Anotación**

Un buen profesional no es necesariamente un buen formador; la FP Dual requiere capacidad de transmisión y acompañamiento, además de conocimientos técnicos.

La identificación de este perfil favorece una experiencia formativa más eficaz y una mejor integración del alumnado en la dinámica de la empresa.

**Ejemplo**

Un trabajador con amplia experiencia técnica que sabe explicar procedimientos paso a paso, corrige errores de forma constructiva y adapta las tareas al ritmo del alumnado representa un perfil adecuado de formador en FP Dual.

## 7.5. Competencias del formador/a

Las competencias del formador o formadora en FP Dual abarcan distintos ámbitos que permiten desarrollar con eficacia su función educativa en el entorno empresarial. Estas competencias integran conocimientos técnicos, habilidades pedagógicas y capacidades personales y sociales.

Las principales competencias del formador o formadora pueden agruparse en los siguientes bloques:

| Tipo de competencia | Contenido principal |
|---|---|
| Técnica | Dominio de procesos y herramientas |
| Pedagógica | Capacidad para enseñar y evaluar |
| Comunicativa | Transmisión clara y feedback |
| Organizativa | Planificación y seguimiento |
| Social | Trabajo en equipo y acompañamiento |
| Preventiva | Aplicación de normas de seguridad |

El desarrollo de estas competencias contribuye no solo a la formación del alumnado, sino también a la **mejora de las prácticas internas de la empresa**.

Ejemplo

Un formador competente no solo enseña a realizar una tarea correctamente, sino que explica el porqué de los procedimientos, refuerza las buenas prácticas y corrige errores de manera orientada al aprendizaje.

En conjunto, las herramientas adecuadas, un perfil bien definido y el desarrollo de competencias específicas permiten consolidar la figura del formador o formadora como un **agente clave** del éxito del modelo de FP Dual, garantizando una formación práctica de calidad, estructurada y alineada con los objetivos educativos del programa.

A continuación, se expone un caso práctico resuelto de la Implantación de un proyecto de FP Dual en el ámbito de servicios.

Una entidad del ámbito de servicios manifiesta su interés en participar por primera vez en un proyecto de Formación Profesional Dual, en colaboración con un centro educativo que imparte un ciclo formativo relacionado con su actividad. La entidad cuenta con personal cualificado y procesos de trabajo estables, pero no dispone de experiencia previa en funciones formativas.

El objetivo principal es **acoger a un alumno o alumna-aprendiz** y desarrollar un proyecto de FP Dual que garantice una formación de calidad, alineada con la normativa vigente y con los resultados de aprendizaje del ciclo formativo.

1. **Análisis inicial y marco normativo:** En una primera fase, la entidad analiza el modelo autonómico de FP Dual, identificando los requisitos establecidos por la administración educativa, la duración de la estancia en empresa y las obligaciones asociadas a la tutoría. Se confirma que la participación debe formalizarse mediante un **convenio de formación**, de carácter no laboral y con finalidad exclusivamente educativa.

   Se constata que la entidad dispone de:
   o Actividades alineadas con el ciclo formativo.
   o Personal con experiencia suficiente para asumir funciones formativas.
   o Capacidad organizativa para realizar seguimiento y evaluación.

2. **Convenio de formación:** Tras la coordinación con el centro educativo, se procede a la **firma** del convenio de formación, en el que se recogen, entre otros, los siguientes aspectos:
   o Identificación de las partes firmantes.
   o Objeto formativo del convenio.
   o Duración y calendario de la estancia del alumnado en la entidad.
   o Designación del tutor o tutora de empresa.
   o Referencia al plan de formación individualizado.
   o Criterios generales de evaluación y seguimiento.

- o Compromisos en materia de prevención de riesgos laborales y confidencialidad.

Este documento se convierte en el **marco de referencia** de toda la experiencia Dual.

3. **Situación del alumno o alumna-aprendiz:** El alumnado seleccionado mantiene su condición de alumno o alumna-aprendiz, con una doble vinculación:
   - o Académica, con el centro educativo.
   - o Formativa, con la entidad colaboradora.

Se garantiza el respeto a sus **derechos**, entre ellos:
   - o Recibir formación acorde al plan formativo.
   - o Contar con tutoría y acompañamiento.
   - o Desarrollar la actividad en condiciones seguras.

Asimismo, se le informa de sus **obligaciones**, como el cumplimiento de horarios, normas internas, confidencialidad y actitud profesional.

4. **Proceso de selección:** La selección del alumnado se realiza de forma coordinada con el centro educativo, siguiendo criterios formativos.

Durante la **preparación de la selección**, se define un perfil orientado a:
   - o Motivación por el aprendizaje.
   - o Interés por el ámbito profesional.
   - o Capacidad de adaptación y responsabilidad.

En la **entrevista de selección**, se valoran principalmente aspectos actitudinales, expectativas y disponibilidad, evitando criterios propios de una selección laboral productiva.

5. **Preparación y desarrollo de la acogida:** Antes de la incorporación, la entidad planifica el **proceso de acogida**, que incluye:
   o Presentación del entorno de trabajo y del equipo.
   o Explicación de normas internas y funcionamiento general.
   o Formación básica en prevención de riesgos.
   o Designación clara del tutor y del formador de referencia.

   Durante los primeros días, se acompaña al alumnado de forma intensiva para facilitar su adaptación progresiva al entorno profesional.

6. **Plan de formación y evaluación:** Se elabora un plan de formación individualizado, en coordinación con el centro educativo, que concreta:
   o Resultados de aprendizaje a desarrollar en la entidad.
   o Actividades formativas progresivas.
   o Temporalización de las tareas.
   o Responsables del seguimiento.
   o Criterios e instrumentos de evaluación.

   El plan incorpora **criterios de sostenibilidad,** como el uso responsable de recursos, el cumplimiento de normas de seguridad y la correcta gestión de residuos.

   La evaluación se plantea como **continua y formativa**, utilizando herramientas como:
   o Observación directa del desempeño.
   o Fichas de seguimiento.
   o Informes periódicos del formador.
   o Reuniones de tutoría con el centro educativo.

7. **Figura del formador y desarrollo del aprendizaje:** La entidad identifica a una persona con experiencia profesional y actitud pedagógica para ejercer como formador o formadora de FP Dual, encargada de guiar el aprendizaje práctico.

El proceso de aprendizaje se desarrolla de manera progresiva:

1. Observación de tareas y procesos.
2. Ejecución guiada con apoyo directo.
3. Ejecución supervisada con mayor autonomía.
4. Autonomía progresiva en tareas acordes al nivel formativo.

El formador proporciona retroalimentación continua, refuerza buenas prácticas y corrige errores con finalidad educativa.

8. **Resultado final esperado:** Al finalizar el periodo de FP Dual:
   o El alumnado ha adquirido competencias profesionales reales.
   o La entidad ha desarrollado una experiencia formativa estructurada y evaluable.
   o La coordinación con el centro educativo ha sido fluida y eficaz.
   o Se sientan las bases para futuras colaboraciones en FP Dual.

### Recuerda

La FP Dual requiere planificación, coordinación y compromiso formativo, y la tutoría de empresa, el plan de formación, la evaluación y el acompañamiento del alumnado constituyen elementos muy importantes para garantizar una experiencia de aprendizaje de calidad en el entorno profesional.

# Resumen

La Formación Profesional Dual constituye un modelo formativo integrado que combina la enseñanza en el centro educativo con el aprendizaje práctico en la empresa, entendida esta última como un entorno formativo estructurado. Su finalidad principal es favorecer la adquisición de competencias profesionales reales, mejorar la empleabilidad del alumnado y reforzar la conexión entre el sistema educativo y el tejido productivo. Este modelo se basa en la corresponsabilidad de los distintos agentes implicados y en una planificación coordinada del proceso de aprendizaje.

La FP Dual se articula a través de un marco normativo general que establece las bases del sistema y se desarrolla mediante modelos autonómicos que adaptan su implantación a las características territoriales y sectoriales. Esta regulación define los requisitos de participación de las empresas, el papel de los centros educativos, el estatus del alumnado-aprendiz y los mecanismos de seguimiento y evaluación, garantizando la calidad formativa y la protección del alumnado.

El convenio de formación es el instrumento jurídico que formaliza la colaboración entre el centro educativo y la empresa. En él se recogen los elementos esenciales del proyecto Dual, como la identificación de las partes, la duración de la formación, el plan formativo, las figuras de tutoría y los criterios de evaluación. Este convenio no establece una relación laboral, sino un marco de carácter formativo orientado al aprendizaje del alumnado en un entorno real de trabajo.

El alumno o alumna-aprendiz ocupa una posición específica dentro del modelo de FP Dual, caracterizada por su doble vinculación al centro educativo y a la empresa. Su participación se rige por un conjunto de derechos que garantizan una formación segura, evaluable y respetuosa, y por obligaciones relacionadas con la asistencia, la actitud profesional, el cumplimiento de normas internas y la confidencialidad. El equilibrio entre derechos y deberes resulta esencial para el correcto desarrollo del proceso formativo.

El proceso de selección del alumnado-aprendiz tiene una finalidad pedagógica y debe basarse en criterios formativos, no productivos. La preparación de la selección implica definir perfiles adecuados, coordinarse con el centro educativo y clarificar las expectativas del proyecto Dual. La entrevista de selección permite valorar aspectos como la motivación, la actitud, la capacidad de aprendizaje y la adaptación al entorno empresarial.

La acogida del alumnado en la empresa constituye una fase clave del proceso formativo. Un buen proceso de acogida facilita la integración, reduce la incertidumbre inicial, refuerza la motivación y garantiza el conocimiento de normas organizativas y de seguridad. La aplicación de buenas prácticas en la acogida, como la planificación previa, el acompañamiento progresivo y la comunicación clara, contribuye decisivamente al éxito de la experiencia Dual.

El plan de formación y evaluación del alumnado-aprendiz es el eje pedagógico del modelo de FP Dual. En este documento se concretan los resultados de aprendizaje, las competencias a adquirir, las actividades formativas, la temporalización y los criterios de evaluación. Su diseño debe ajustarse a la capacidad formativa real de la empresa y permitir una progresión gradual del aprendizaje, integrando la evaluación como parte continua del proceso.

La incorporación de criterios de sostenibilidad en el plan de formación refuerza el carácter integral de la FP Dual, promoviendo el uso responsable de recursos, la gestión adecuada de residuos, la prevención de riesgos y la responsabilidad social. Estos criterios deben integrarse de forma transversal en las actividades formativas, contribuyendo a la formación de profesionales conscientes y comprometidos.

La figura del formador o formadora en la empresa desempeña un papel esencial en el aprendizaje práctico del alumnado. Este perfil combina experiencia profesional, capacidad de comunicación y actitud pedagógica, permitiendo guiar y supervisar el proceso de aprendizaje en situaciones reales de trabajo. El desarrollo del aprendizaje se produce de forma progresiva, desde la observación inicial hasta la autonomía supervisada, apoyándose en herramientas de seguimiento y evaluación.

Las herramientas de apoyo al formador y los criterios de evaluación permiten recoger evidencias objetivas del progreso del alumnado y facilitan la coordinación con el tutor o tutora de empresa y el centro educativo. La definición de un perfil adecuado y el desarrollo de competencias técnicas, pedagógicas y sociales consolidan la FP Dual como un modelo formativo estructurado, evaluable y orientado a la mejora continua.

# Glosario

**Alumno/a-aprendiz**

Persona matriculada en una enseñanza de FP que participa en un proyecto de FP Dual, alternando formación en el centro educativo y en la empresa con finalidad formativa.

**Convenio de formación**

Acuerdo formal entre el centro educativo y la empresa que regula la participación en la FP Dual y establece las condiciones del proceso formativo.

**Evaluación continua**

Proceso sistemático de valoración del aprendizaje del alumnado a lo largo de toda la formación, orientado a la mejora y al seguimiento del progreso.

**Formador/a de FP Dual**

Profesional de la empresa encargado de guiar y supervisar el aprendizaje práctico del alumnado en el entorno laboral.

**FP Dual**

Modelo formativo que integra la formación en el centro educativo y en la empresa, basado en la corresponsabilidad y el aprendizaje en contexto real.

**Modelo autonómico de FP Dual**

Desarrollo específico de la FP Dual en cada comunidad autónoma, adaptado a sus características organizativas y productivas.

**Plan de formación**

Documento que concreta las competencias, actividades, temporalización y criterios de evaluación del aprendizaje del alumnado-aprendiz.

**Proceso de acogida**

Conjunto de actuaciones destinadas a facilitar la integración inicial del alumnado en la empresa y su adaptación al entorno formativo.

**Proceso de selección**

Fase orientada a identificar alumnado adecuado para participar en FP Dual, basada en criterios formativos y actitudinales.

**Sostenibilidad**

Enfoque transversal que promueve el uso responsable de recursos, la prevención de riesgos y la responsabilidad social en el proceso formativo.

**Tutor/a de empresa**

Persona responsable de coordinar, acompañar y supervisar la formación del alumnado en la empresa, en colaboración con el centro educativo.

# Ejercicios de autoevaluación

**1. La finalidad principal de la Formación Profesional Dual es:**

   a. Integrar la formación en el centro educativo y en la empresa como entornos formativos complementarios.

   b. Sustituir la formación en centros educativos por trabajo en empresa.

   c. Reducir la duración de los ciclos formativos.

   d. Cubrir necesidades estructurales de personal en las empresas.

**2. En la FP Dual, la empresa se concibe fundamentalmente como:**

   a. Un espacio de prácticas sin planificación.

   b. Un entorno formativo estructurado.

   c. Un lugar de contratación inmediata.

   d. Un recurso opcional del sistema educativo.

**3. El marco normativo de la FP Dual se caracteriza por:**

   a. Ser exclusivamente autonómico.

   b. Carecer de regulación específica.

   c. Combinar normativa estatal y desarrollo autonómico.

   d. Depender solo de acuerdos privados.

**4. El instrumento jurídico que regula la colaboración entre centro educativo y empresa es:**

   a. El contrato laboral.

   b. El plan de formación.

   c. El acta de evaluación.

   d. El convenio de formación.

**5. El convenio de formación en FP Dual tiene carácter:**

    a. Laboral y productivo.

    b. Temporal sin efectos jurídicos.

    c. Formativo y no laboral.

    d. Mercantil entre empresa y alumnado.

**6. Una de las funciones esenciales del centro educativo en la FP Dual es:**

    a. Supervisar únicamente la asistencia del alumnado.

    b. Garantizar la coherencia pedagógica del proceso formativo.

    c. Sustituir a la empresa en la formación práctica.

    d. Gestionar exclusivamente la evaluación final.

**7. El alumno o alumna-aprendiz se caracteriza por:**

    a. Mantener solo relación con la empresa.

    b. Ocupar un puesto de trabajo ordinario.

    c. Tener una doble vinculación al centro educativo y a la empresa.

    d. No estar sujeto a evaluación.

**8. La finalidad principal del proceso de selección en FP Dual es:**

    a. Cubrir vacantes laborales.

    b. Reducir el número de participantes.

    c. Priorizar la productividad de la empresa.

    d. Identificar perfiles adecuados para un proceso formativo.

**9. La entrevista de selección en FP Dual se orienta principalmente a valorar:**

    a. Conocimientos técnicos avanzados.

    b. Experiencia laboral previa.

    c. Certificaciones profesionales.

    d. Motivación, actitud y capacidad de aprendizaje.

**10.Una preparación adecuada de la selección permite:**

    a. Ajustar el perfil del alumnado al entorno formativo.

    b. Reducir la duración del plan formativo.

    c. Eliminar la evaluación posterior.

    d. Sustituir el proceso de acogida.

# Aplicaciones prácticas

## Aplicación práctica 1. Coordinación entre la tutoría de empresa y el centro educativo

Tutoría de empresa en la formación profesional dual (nivel inicial)

Una empresa del sector comercial participa en un proyecto de Formación Profesional Dual con un centro educativo que imparte un ciclo de la familia de Comercio y Marketing. El alumno-académico asiste tres días a la empresa y dos al centro educativo.

Durante el segundo trimestre se detectan los siguientes problemas:

- El tutor de empresa no comunica al centro educativo los cambios en las tareas asignadas al alumno.
- El alumno realiza funciones que no estaban previstas inicialmente en el plan de formación.
- No se han realizado reuniones de seguimiento desde el inicio del proyecto.
- Existen discrepancias entre la valoración del tutor de empresa y la del tutor del centro.

El centro educativo solicita revisar la situación para reconducir el proceso formativo.

Analiza qué fallos de coordinación se observan en este caso.

Explica qué papel debería desempeñar la tutoría compartida para corregir la situación.

## Aplicación práctica 2. Diseño del proceso de acogida del alumnado-aprendiz

Tutoría de empresa en la formación profesional dual (nivel inicial)

Una empresa del sector servicios va a incorporar por primera vez a una alumna en modalidad de Formación Profesional Dual. El departamento de recursos humanos ha elaborado un borrador del proceso de acogida, pero algunos apartados no están definidos.

Completa la siguiente tabla indicando qué actuación debería realizarse y qué finalidad formativa cumple cada una, conforme a las buenas prácticas de la FP Dual.

| Nº | Actuación en la acogida | ¿Qué se hace? (completar) | Finalidad formativa (completar) |
|----|--------------------------|----------------------------|----------------------------------|
| 1 | Presentación inicial | | |
| 2 | Información sobre normas internas | | |
| 3 | Prevención de riesgos laborales | | |
| 4 | Designación de tutor/a de empresa | | |
| 5 | Acompañamiento inicial | | |

## Aplicación práctica 3. Decisiones sobre el plan de formación del alumnado

Tutoría de empresa en la formación profesional dual (nivel inicial)

Una empresa industrial revisa el plan de formación de un alumno en FP Dual tras detectar que el aprendizaje no está siendo progresivo. El alumnado ha pasado directamente de tareas de observación a tareas complejas, mostrando inseguridad y errores frecuentes.

El tutor de empresa plantea varias posibles decisiones.

Selecciona la opción más adecuada y justifica brevemente la elección.

Opciones:
- Mantener las tareas complejas para que el alumno "aprenda por ensayo y error".
- Retirar al alumno de las tareas y limitarlo solo a la observación.
- Reorganizar el plan de formación incorporando una secuencia progresiva de tareas supervisadas.
- Solicitar al centro educativo que se haga cargo exclusivamente de la formación.

# Ejercicio de evaluación final

**1. La acogida del alumnado-aprendiz tiene como función principal:**

a. Asignar tareas productivas desde el primer día.

b. Facilitar la adaptación inicial al entorno profesional.

c. Evaluar competencias finales.

d. Formalizar la relación laboral.

**2. Una consecuencia habitual de una acogida deficiente es:**

a. Mejora de la autonomía inmediata.

b. Desorientación y desmotivación del alumnado.

c. Reducción del seguimiento.

d. Incremento de la productividad.

**3. Una buena práctica en la acogida consiste en:**

a. Planificar previamente recursos y responsables.

b. Incorporar al alumnado sin acompañamiento.

c. Evitar explicaciones iniciales.

d. Delegar toda la acogida en otros alumnos.

**4. El plan de formación del alumno-aprendiz es:**

a. Un documento opcional.

b. Un registro administrativo sin valor pedagógico.

c. El eje pedagógico del aprendizaje en FP Dual.

d. Un informe final de evaluación.

**5. El plan de formación debe elaborarse a partir de:**

   a. Las necesidades productivas de la empresa.

   b. La disponibilidad horaria del alumnado.

   c. Los intereses personales del formador.

   d. Los resultados de aprendizaje del ciclo formativo.

**6. La progresión adecuada de actividades en el plan de formación implica:**

   a. Avanzar de la observación a la autonomía supervisada.

   b. Mantener siempre el mismo nivel de dificultad.

   c. Empezar por tareas complejas.

   d. Asignar tareas irrelevantes al inicio.

**7. La evaluación en FP Dual se caracteriza por ser:**

   a. Puntual y final.

   b. Exclusivamente académica.

   c. Continua, formativa y compartida.

   d. Basada solo en exámenes teóricos.

**8. Un criterio de evaluación adecuado debe:**

   a. Definirse al finalizar la formación.

   b. Ser conocido solo por la empresa.

   c. Ajustarse a criterios productivos.

   d. Derivarse de los resultados de aprendizaje.

**9. Las herramientas de soporte para la evaluación sirven principalmente para:**

   a. Recoger evidencias objetivas del aprendizaje.

   b. Incrementar la carga documental.

   c. Sustituir la observación directa.

   d. Eliminar reuniones de tutoría.

**10.Una ficha de seguimiento permite:**

a. Certificar la contratación del alumnado.

b. Registrar la evolución y las observaciones del aprendizaje.

c. Sustituir el plan de formación.

d. Evaluar únicamente la asistencia.

**11.La incorporación de criterios sostenibles en el plan de formación implica:**

a. Añadir contenidos teóricos aislados.

b. Limitar el uso de materiales.

c. Integrar la sostenibilidad de forma transversal.

d. Eliminar actividades prácticas.

**12.Un ejemplo de criterio sostenible en FP Dual es:**

a. Aumentar el ritmo de trabajo.

b. Reducir el seguimiento formativo.

c. Priorizar solo la productividad.

d. Aplicar una correcta gestión de residuos.

**13.La figura del formador o formadora en la empresa se caracteriza por:**

a. Sustituir al tutor del centro educativo.

b. Guiar el aprendizaje práctico en el entorno laboral.

c. Evaluar únicamente contenidos teóricos.

d. No participar en la evaluación.

**14.Una cualidad esencial del formador o formadora de FP Dual es:**

a. Exclusiva titulación docente.

b. Experiencia administrativa.

c. Capacidad de comunicación y actitud pedagógica.

d. Independencia del plan formativo.

**15.El desarrollo del aprendizaje en FP Dual debe ser:**

a. Progresivo y guiado.

b. Uniforme para todo el alumnado.

c. Inmediato y sin supervisión.

d. Exclusivamente autónomo.

**16.Una herramienta útil para el formador o formadora es:**

a. El contrato laboral del alumnado.

b. El acta de calificaciones finales.

c. El calendario académico general.

d. La guía de tareas vinculada al plan de formación.

**17.El perfil ideal del formador o formadora combina:**

a. Experiencia profesional y capacidad pedagógica.

b. Autoridad jerárquica.

c. Productividad y rapidez.

d. Exclusiva especialización técnica.

**18.Entre las competencias del formador o formadora se incluye:**

a. Gestión contractual del alumnado.

b. Capacidad para ofrecer retroalimentación formativa.

c. Dirección económica de la empresa.

d. Elaboración del currículo oficial.

**19.La FP Dual se basa en el principio de:**

a. Autonomía exclusiva del alumnado.

b. Supremacía de la empresa.

c. Independencia del centro educativo.

d. Corresponsabilidad entre los agentes implicados.

**20.El uso adecuado de herramientas de seguimiento contribuye a:**

a. Sustituir la evaluación compartida.

b. Eliminar la coordinación con el centro.

c. Aumentar la carga burocrática.

d. Mejorar la calidad y coherencia del proceso formativo.

# Solucionario

## Tutoría de empresa en la formación profesional dual (nivel inicial)

| | |
|---|---|
| **1.** a | **6.** b |
| **2.** b | **7.** c |
| **3.** c | **8.** d |
| **4.** d | **9.** d |
| **5.** c | **10.** a |

# Bibliografía

## Legislación

Ley Orgánica 3/2022, de 31 de marzo, de ordenación e integración de la Formación Profesional.

Real Decreto 659/2023, de 18 de julio, por el que se desarrolla la ordenación del Sistema de Formación Profesional.

Real Decreto 1065/2025, de 26 de noviembre, por el que se desarrolla el régimen del contrato formativo, previsto en el artículo 11 del texto refundido de la Ley del Estatuto de los Trabajadores, aprobado por el Real Decreto Legislativo 2/2015, de 23 de octubre.

## Textos electrónicos

*Guía para la implantación de FP dual en la empresa* [en línea]. Erasmus +. Dirección URL:
<https://www.observatoriofp.es/wp-content/uploads/2020/05/Gui%CC%81a-para-implantar-la-FPDual-en-la-empresa.pdf>

*Manuales de acogida de estudiantes de FP Dual* [en línea]. CaixaBank. Dirección URL:
<https://www.caixabankdualiza.es/wp-content/uploads/2024/01/Ficha-5_Ind-Alim_v1.pdf>

*Preguntas frecuentes empresas* [en línea]. Área de Educación del Ayuntamiento de Málaga. Dirección URL: <https://educacion.malaga.eu/export/sites/educacion/fp-dual/.galleries/Documentos-FP-Dual/PDF-11-Preguntas-frecuentes-empresas.pdf>

## Webgrafía

**7 claves sobre la FP Dual**

https://fundacionexit.org/7-claves-sobre-la-fp-dual/

**Formación en centros de trabajo**

https://todofp.es/sobre-fp/formacion-centros-trabajo.html

**La FP Dual en 2025 y su impacto en la inserción laboral de los jóvenes españoles**

https://www.lavanguardia.com/vida/formacion/20250109/10266885/fp-dual-mas-oportunidades-futuro-laboral-seo-mkt-roi.html

**Modelos de FP dual en las comunidades autónomas**

https://www.alianzafpdual.es/fp-dual/comunidades-autonomas/

**Qué es la Formación Profesional Dual**

https://www.camara.es/fpdual/